OBSERVATIONS SUR QUELQUES ARTICLES

DE LA

CORRESPONDANCE CATHOLIQUE

DE BRUXELLES

RELATIVES A M. OLIER

ET A

L'ŒUVRE DES SÉMINAIRES

PARIS
LIBRAIRIE VICTOR LECOFFRE
90, RUE BONAPARTE, 90

1892

OBSERVATIONS SUR QUELQUES ARTICLES

DE LA

CORRESPONDANCE CATHOLIQUE

DE BRUXELLES

RELATIVES A M. OLIER

ET A

L'OEUVRE DES SÉMINAIRES

Typographie Firmin-Didot et Cie. — Mesnil (Eure).

OBSERVATIONS SUR QUELQUES ARTICLES

DE LA

CORRESPONDANCE CATHOLIQUE

DE BRUXELLES

RELATIVES A M. OLIER

ET A

L'ŒUVRE DES SÉMINAIRES

PARIS
LIBRAIRIE VICTOR LECOFFRE
90, RUE BONAPARTE, 90

1892

OBSERVATIONS

SUR QUELQUES ARTICLES DE LA *CORRESPONDANCE CATHOLIQUE DE BRUXELLES*

PUBLIÉS EN L'ANNÉE 1890.

Une revue imprimée à Bruxelles, sous le titre de *Correspondance catholique* et qui a cessé de paraître, après cinq ou six ans d'existence, a publié, en l'année 1890, une série d'articles sur l'*École française, ou l'École pieuse de Saint-Sulpice.*

Ce titre a piqué notre curiosité ; il devait naturellement attirer notre attention. Nous vivons dans les séminaires dirigés par la compagnie de Saint-Sulpice, depuis près de soixante-dix ans et la divine Providence nous a fait une situation qui nous a mis à même, autant que qui que ce soit, de connaître cette compagnie, ses doctrines, ses règles, son esprit. Nous avouons ingénument que nous ne connaissions pas, que nous ne soupçonnions même pas l'existence de cette école ; nous pouvons même affirmer que rien n'est plus contraire aux traditions, aux maximes constantes de la compagnie de Saint-Sulpice, que l'idée de former une école à part, dans le clergé. Dans l'enseignement de la théologie, les professeurs se font un devoir de suivre la règle que rappelait le Supérieur Général dans une circulaire de l'année 1875 et que nous reproduisons ici :

« Notre petite société, disait M. Olier, ne respire que « le respect, l'amour, l'obéissance envers le Saint-« Siège. » Ces paroles de notre vénéré fondateur et « père, ont toujours été à Saint-Sulpice, et elles doi-« vent continuer d'être pour nous une règle inviolable.

« Nous verrons donc toujours dans le souverain « Pontife, le vicaire de Jésus-Christ sur terre, le « pasteur suprême de l'Église, le docteur infaillible « dont les enseignements ne peuvent être entachés « d'aucune erreur ; nous serons pénétrés pour lui d'un « respect religieux et nous nous reprocherons tout « ce qui dans nos pensées, dans nos paroles et dans « nos actes, s'écarterait de ce sentiment...

« Nous ne devons jamais oublier que notre ensei-« gnement n'inspirera et ne doit inspirer de confiance « qu'autant qu'il sera traditionnel, et que dès lors il « se fonde sur les maximes des docteurs les plus « autorisés, et sur les doctrines du Saint-Siège.

« Il y a sans doute des points sur lesquels la contro-« verse est libre, mais dès qu'une opinion présente « quelque chose de suspect, qu'elle est moins con-« forme aux sentiments approuvés par le Saint-« Siège, qu'elle est signalée par les théologiens « comme téméraire, nous devons, non seulement nous « abstenir de l'enseigner, mais encore de la soutenir « dans les conversations privées. »

Les livres classiques que nous mettons entre les mains des élèves du séminaire et qui servent de texte aux leçons de philosophie, de théologie, d'Écriture sainte, de droit canonique, que les professeurs leur donnent, sont parfaitement connus. Chacun peut les examiner. On ne trouvera dans aucun de ces traités, des marques d'une école particulière.

Il en est de même pour l'enseignement ascétique, pour les règles de direction à suivre dans la formation spirituelle des âmes, et dans l'éducation morale des élèves. Nos livres classiques sont les *Examens particuliers* de M. Tronson, les *Traités de la perfection*, du P. Rodriguez, quelques ouvrages du P. Saint-Jure; des livres de méditation écrits dans le sens des *Exercices spirituels* de saint Ignace. Nous recommandons à ceux de nos élèves qui peuvent en profiter, des écrits de M. Olier, son *Catéchisme pour la vie intérieure*, l'*Introduction à la vie et aux vertus chrétiennes*, la *Journée chrétienne*, le *Traité des saints ordres*. Or, nous croyons l'avoir démontré dans le livre de *la Doctrine de M. Olier*, expliquée par sa vie et ses écrits (1), cette doctrine est parfaitement en harmonie avec celle des auteurs les plus autorisés : sainte Thérèse, saint Jean de la Croix, saint François de Sales, saint Vincent de Paul, etc.. C'est réellement la même doctrine, quoique sous une forme un peu différente, ce sont les mêmes idées, sur le néant de la créature, l'abnégation chrétienne, la mort à soi-

(1) *Doctrine de M. Olier*, in-8°, année 1891; voir en particulier, les chapitres IV, V, XIV.

même pour établir en nous la vie de Jésus-Christ ; plus nous l'avons étudiée, plus nous avons été frappé de cette conformité. On lisait ces mêmes doctrines dans plusieurs chapitres du livre de l'*Imitation*, avant que ne vinssent au monde les écrivains que nous venons de citer ; on les lisait plus anciennement dans les saints Pères. On voit bien que tous ces hommes vénérables ont été éclairés et animés du même esprit, l'Esprit de Notre-Seigneur.

Nous nous sommes donc demandé, en lisant les articles de la *Correspondance catholique* de Bruxelles : quelle est cette *école française*, cette *école pieuse de Saint-Sulpice*, dont on nous révèle l'existence, et que nous ne soupçonnions pas ?

L'auteur anonyme des articles de cette revue a voulu nous le dire. « Cette école se distingue des « autres, par quelques principes spéculatifs, faciles « à comparer avec la doctrine commune ; mais l'ori- « gine de ces principes et leur application à tout « un système d'enseignement et de direction, voilà « ce qui est plus difficile à découvrir. Commençons « par le plus facile, l'examen de la *doctrine dog-* « *matique* de l'école française ; nous essaierons en « second lieu de découvrir l'origine et les dévelop- « pements de tout son système particulier.

« Le système dogmatique de l'école française a « deux points particuliers qui la distinguent ; l'un « sur l'incarnation du Verbe dans le sein de Marie ; « l'autre sur la présence de Jésus dans les âmes » (fév. 1890, page 50).

Le critique a eu plus raison qu'il ne pensait, en disant que les principes de ce qu'il appelle l'école française, sont faciles à comparer avec la doctrine commune; la comparaison est d'autant plus facile qu'il y a identité entre la doctrine commune et ces principes, pourvu toutefois qu'on les entende comme les entendent les théologiens, et non pas comme lui les imagine.

N'en déplaise à l'auteur des articles de la Correspondance de Bruxelles, sur le premier point, il n'a rien compris de la doctrine de M. Olier; et sur le second point, il lui attribue une pensée qu'il n'a jamais eue, dont on ne voit pas de trace dans ses écrits, qui a toujours été inconnue dans la compagnie de Saint-Sulpice.

§ I. — DANS QUEL SENS LE PÈRE ÉTERNEL EST-IL, SELON M. OLIER, L'ÉPOUX DE LA SAINTE VIERGE, DANS LE MYSTÈRE DE L'INCARNATION? IL NE L'EST PAS A L'EXCLUSION DU SAINT-ESPRIT.

Le critique nous dit : « Marie n'a pas conçu du « Père, ni du Fils, mais par l'opération du Saint-« Esprit, *de Spiritu sancto*, c'est un article du sym-« bole des Apôtres; on soulèverait toute l'Église, en « disant que la Vierge a conçu du Père. » « Cepen-« dant M. Olier préfère le titre d'épouse du Père « éternel, même à l'exclusion du Saint-Esprit; at-« tendu que le Père et non le Saint-Esprit épousa « la très sainte Vierge et que le Père éternel est le

« vrai Père de Jésus-Christ en tant qu'homme. »

Il n'est pas exact de dire que M. Olier attribue au Père éternel le titre d'époux de la sainte Vierge, à l'exclusion du Saint-Esprit; car en plusieurs endroits de ses écrits, dans sa correspondance, comme dans ses *Mémoires*, et projets de traités, il appelle la bienheureuse Vierge, épouse du Saint-Esprit, ce qui n'est pas du tout contradictoire. Il n'est pas rare de voir les mêmes docteurs donner ces divers titres à la sainte Vierge selon le point de vue où ils se mettaient. Ils l'ont appelée épouse du Père céleste, parce qu'elle est la mère du fils unique de la première personne de la sainte Trinité; épouse de Notre Seigneur, parce qu'elle concourt avec lui à la génération spirituelle des enfants de Dieu; épouse du Saint-Esprit, parce que, l'Incarnation est par excellence, un acte d'amour et que les actes qui émanent de la charité de Dieu pour les hommes, sont plus particulièrement attribués au Saint-Esprit, époux des âmes fidèles, etc. (1).

Le titre d'épouse du Père éternel est pour le moins aussi fréquemment employé par les saints docteurs que celui d'épouse du Saint-Esprit.

Mais, demande le critique : « Comment expliquer « une conception absolument virginale, c'est-à-dire « *purement naturelle,* en ajoutant une paternité « quelconque, même divine? Enfin Jésus-Christ en « tant qu'homme ne peut avoir de Père, ayant été « conçu du Saint-Esprit » (page 51).

(1) *Doctrine de M. Olier,* chap. VII, pages 310 et suiv.

Cette objection justifie ce que nous avons observé ; c'est qu'il n'a pas compris la pensée de M. Olier. S'il avait lu plus attentivement le texte qu'il avait sous les yeux ; si même il avait simplement réfléchi, un moment, sur ce que lui-même a écrit quelques lignes plus bas, que selon les saints docteurs « la première personne divine est Père de Jésus-Christ, seulement en raison de la génération éternelle, *solum ratione generationis æternæ* » ; il en aurait conclu que M. Olier est en parfait accord avec l'enseignement de ces saints docteurs. Voici comment le pieux fondateur de la compagnie de Saint-Sulpice explique la part que le Saint-Esprit a eue à la conception virginale de Notre-Seigneur et le titre d'époux qu'il donne au Père éternel.

« L'Esprit-Saint, par une opération merveilleuse « et divine, en tout son sang (de Marie) et par con- « séquent en tout son corps, sépare cette pure subs- « tance ; il sanctifie cette divine chair qu'il tire « de la sainte Vierge. Il est le feu intérieur, caché « dans le plus intime de sa substance, qui sanctifie « sa chair, à même qu'il sanctifie celle de Jésus- « Christ. En même temps le Père éternel se rend « présent, en lui montrant ce qu'il opère de son côté « en elle. Il lui montre son Verbe et la génération « éternelle qu'il opère dans elle. Il fait voir cette « substance en plénitude qu'il verse dans son Verbe « de toute éternité, et lui montre ce Verbe, rempli de « sa substance qu'il unit à son sang que le Saint- « Esprit avait préparé... Ce même Esprit offrit au

« Père le sang de Jésus-Christ pour la rédemption du « monde. Ce divin Esprit commence le mystère ; c'est « pourquoi l'Écriture le marque en disant *Spiritus « sanctus superveniet in te et virtus Altissimi obum- « brabit te.* Le Très Haut vous ombrera, c'est-à-dire « le Père éternel vous épousera et sera sous saint « Joseph, votre époux intérieur et véritable. »

On voit très nettement dans ces paroles que le Père éternel est, selon la pensée de M. Olier, seul époux de la sainte Vierge, à raison de la *génération éternelle* du Verbe. Il n'est pas époux de la Vierge pour avoir suppléé en elle, pour la formation du corps de Jésus-Christ, la part qu'y aurait eue une créature, si cette conception n'avait pas été virginale. La formation du corps, la création de l'âme, l'union de l'un et de l'autre au Verbe, prises dans le sens actif, sont l'œuvre des trois personnes, parce que c'est une œuvre *ad extra*, comme disent les théologiens, et M. Olier se conforme au langage de l'Église, en l'attribuant au Saint-Esprit ; il n'ignorait pas le symbole des Apôtres, et il disait tous les jours, dans une pleine conformité avec le style de l'enseignement de l'Église, *conceptus de Spiritu sancto.* La première personne de la sainte Trinité n'est pas le Père de Jésus-Christ, à raison de la nature humaine ; elle n'est pas le Père de Jésus-Christ en tant qu'homme ; mais elle est bien le Père d'un homme qui est Dieu ; car Jésus-Christ, Dieu-homme, n'est pas le fils adoptif, mais le fils naturel

(1) *Création du monde*, tome V, *divers écrits spirituels*, pages 209 à 217, de la copie envoyée à la Sacrée Congregation.

de Dieu le Père, comme l'Église l'a défini. M. Faillon, dans son commentaire, a pu prendre des expressions inexactes, mais le langage de M. Olier est parfaitement correct.

M. Olier a eu raison de conclure, qu'à ce point de vue, entendu dans ce sens, Dieu le Père est seul véritable époux de la sainte Vierge, 1° parce qu'il y a dans le mystère de l'Incarnation une mission visible du Fils de Dieu, et que selon l'enseignement des saints docteurs, en particulier de saint Thomas, cette mission est fondée sur la génération du Verbe ; 2° parce que cette génération, étant éternelle, n'a ni passé, ni futur ; elle s'opère incessamment ; elle s'opère donc au moment de l'Incarnation, ce qui fait dire à M. Olier, qu'en ce moment Dieu *le Père verse son Verbe dans le sein de Marie*, c'est-à-dire, le donne à Marie, comme son fils. C'est en conséquence de cette doctrine, que plusieurs saints docteurs, dont l'Église s'est approprié la pensée, ont appliqué au mystère de l'Incarnation, ces divines paroles : *filius meus es tu ; Ego hodie genui te* (1).

M. Olier n'a donc pas introduit une nouveauté de langage, ni de doctrine, quand il a donné à la première personne de la sainte Trinité, le titre d'époux de la sainte Vierge ; il a suivi l'exemple de saints docteurs d'une autorité incontestable, tels que le bienheureux Albert le Grand, saint Jean Damascène, saint Thomas d'Aquin, saint Bonaventure, saint An-

(1) *Doctrine de M. Olier*, page 315.

tonin de Florence, saint Bernardin de Sienne, saint Thomas de Villeneuve, dont nous avons cité les paroles dans un autre écrit (1) et de bien d'autres qu'il nous eût été facile d'ajouter. Il nous est même permis de penser, qu'il a donné de ce titre le sens le plus naturel, que les docteurs avaient en vue, bien qu'ils ne se soient pas appliqués à l'interpréter avec autant de netteté.

Le critique revient plusieurs fois sur le même chapitre, dans les articles suivants, sans ajouter aucune idée nouvelle, ce qui nous dispense de le suivre, pour éviter des redites inutiles. Nous remarquons seulement qu'à la page 72, il parle de l'office de l'Intérieur de la sainte Vierge, « office, dit-il, où Marie est constamment nommée l'Épouse du Père ». Il cite, pour que le lecteur soit bien persuadé de ce qu'il avance, le texte de cet office, les pages du livre de M. Faillon où il se trouve. Hé bien, comme nous ne pouvons pas soupçonner qu'il ait voulu tromper ses lecteurs qui n'ont pas le livre dont il s'agit, nous inclinons à croire qu'il ne l'a pas lu ; car s'il l'avait lu, il n'aurait pas pu ne pas voir l'antienne des secondes vêpres, qui est ainsi conçue : *Hæc est filia Patris dilecta; hæc est amantissima Filii mater in qua suaviter requievit; hæc est charissima Spiritus Sancti sponsa, quam sibi perfectissime univit.*

Un écrivain qui donne cette preuve de son intelligence critique, aurait dû se montrer plus indul-

(1) *Doctrine de M. Olier*, pages 312, 313, 314.

gent envers M. Faillon, qu'il accuse presque de falsification calculée, parce qu'il a mal interprété quelques textes; mais nous en verrons bien d'autres, dans ce qui suit.

§ II. — VIE DE JÉSUS DANS LES AMES.

Le second point de la doctrine dogmatique de Saint-Sulpice, selon la *Correspondance de Bruxelles*, est la présence de Jésus-Christ dans les cœurs, selon son humanité, comme au très Saint Sacrement.

« *C'est Jésus-Christ qui vit en moi*, telle est la « doctrine essentielle et fondamentale du séminaire « de Saint-Sulpice ; dévotion consacrée par l'institu- « tion de la fête de la vie intérieure de Notre-Sei- « gneur que l'on célèbre solennellement. » Ceci est vrai, et c'est parfaitement conforme à l'Évangile : car Notre-Seigneur nous parle souvent de sa demeure dans nos âmes; il nous assure que celui qui demeure en lui, et en qui il demeure portera des fruits abondants; il nous promet que si nous faisons sa sainte volonté, il viendra et il demeurera en nous avec son Père. De là vient que l'Apôtre saint Paul se glorifiait que Jésus-Christ vivait en lui ; il nous dit que Jésus-Christ habite en nous par la foi; il travaillait à la sanctification de ses enfants spirituels, pour que Jésus-Christ fût formé en eux. Cette doctrine est incontestable; nous ne citons pas les paroles des saintes écritures, auxquelles nous faisons allusion ;

tous ceux qui liront ces lignes, les connaissent comme nous.

Mais comment Notre-Seigneur vit-il dans l'âme du juste? C'est ici que le critique attribue à M. Olier, une doctrine que M. Olier n'a jamais enseignée, et dont nous avons affirmé qu'il n'y a pas la moindre trace dans ses écrits; doctrine que la Compagnie de Saint-Sulpice n'a jamais connue; dont nous n'avions jamais entendu parler dans nos séminaires. Il prétend que selon M. Olier, il y aurait une double présence en nous de la sainte humanité du Sauveur : l'une par le sacrement de l'Eucharistie; l'autre, par la foi, selon la manière dont Calvin et Zwingle l'expliquaient. Voilà, nous dit-il, « cette présence singulière, « si nouvelle et si étonnante, même aux yeux de « M. Olier »; il ajoute que M. Olier « est très em- « barrassé pour expliquer son principe nouveau, son « étonnante merveille; il paraît en outre ne pas « s'accorder parfaitement avec lui-même, p. 73, 74 ».

M. Olier s'accorde parfaitement avec lui-même; mais son critique, par une singulière préoccupation d'esprit, nous ne dirons pas un défaut de logique, qui lui ferait oublier les règles les plus élémentaires du raisonnement, tire des paroles de M. Olier, une conséquence qu'elles ne renferment pas, leur donne un sens qu'elles n'ont pas.

Le pieux écrivain dit que Notre-Seigneur est *réellement* dans nos âmes comme il est au ciel, dans le cœur de la Sainte Vierge, au Saint-Sacrement; et de ce terme *réellement*, le critique conclut : donc il est en nous par son humanité; tandis que le sens naturel de ce mot, sens qui ne ressort pas moins du contexte, indique la *réalité* de la présence de Notre-Seigneur dans l'âme du juste, sans impliquer le mode de cette divine présence. C'est bien en réalité, et non par une simple imagination, que Jésus-Christ vit, qu'il demeure, qu'il opère en nous. Il vit en nous, selon sa divinité, avec le Père et le Saint-Esprit; il opère en nous par sa nature divine, pour nous unir à Dieu et nous communiquer la vie céleste, cette vie surnaturelle qu'il puise dans le sein de son Père, et qu'il nous a acquise par les travaux, par les souffrances, par la mort qu'il a endurée dans son humanité. « Il *habite en nous*, dit saint Paul, par la *foi*, » ce n'est pas par son humanité, en dehors du cas de la communion sacramentelle, mais par son Saint-Esprit. Voilà la vraie pensée de M. Olier, telle qu'il l'explique en mille endroits de ses écrits, et qu'il a résumée dans ces paroles de son *Catéchisme :* « Qui est celui qui « mérite d'être appelé chrétien? C'est celui qui a en « soi, l'Esprit de Jésus-Christ. Qu'entendez-vous par « l'Esprit de Jésus-Christ? Je n'entends pas son âme, « mais le Saint-Esprit qui habitait en lui. »

Le critique, ne trouvant aucun texte qui justifie l'imputation qu'il fait à M. Olier d'une doctrine nouvelle, donne en preuve ce que ce pieux prêtre rapporte de l'impression que fit sur lui une instruction du P. de Condren sur la présence de Jésus-Christ en nous, et il confirme ses affirmations par des paroles de M. de Ségur. Il aurait dû avouer au moins, que dans ce que rapporte M. Olier des entretiens du P. de Condren, il n'y a pas un mot en faveur de la présence de Jésus-Christ selon l'humanité; tout y est plutôt dans un sens contraire. Nous l'avons fait observer ailleurs : il arriva à M. Olier, ce qui est arrivé à bien d'autres. Quand un saint très éclairé de Dieu, nous explique une doctrine sur laquelle nous avons d'abord peu réfléchi, sa parole élevée et chaleureuse nous ouvre comme des horizons que nous n'avions pas vus; elle fait sur nous une forte impression; elle devient pour nous une sorte de révélation.

Quant à M. de Ségur, nous ignorons ce qu'il aurait écrit dans l'un de ses opuscules; nous l'avons dit ailleurs, nous l'affirmons de nouveau, nous n'avons jamais lu cet opuscule; mais tout en estimant ce prélat comme un prêtre fort pieux et très zélé, nous, ne l'avons jamais considéré comme l'organe autorisé et l'interprète de *l'École française;* s'il a dit ce que prétend le correspondant de Bruxelles, il s'est trompé, il n'a pas compris M. Olier; voilà tout. Le correspondant ajoute, d'après M. de Ségur (page 72) que M. Olier, lorsqu'il passait devant la porte de la cellule du P. de Condren, « faisait toujours la génu« flexion, comme s'il eût passé devant le Saint-Sacre« ment, et que comme on lui demandait un jour la « raison de cette conduite, il aurait répondu : C'est « que ce n'est pas le P. de Condren qui est là, mais « Jésus-Christ dans le P. de Condren ». Cette anecdote ne se trouve ni dans les *Mémoires* de M. Olier, ni dans sa *Vie*, ni dans les écrivains du temps.

Nous savons seulement, que le P. de Bérulle, sous l'inspiration de son profond respect pour le P. de Condren et de sa vénération pour les dons surnaturels qu'il remarquait en lui, se prosternait quelques fois, en passant devant la chambre du saint prêtre, pour baiser les vestiges de ses pas. Ceci, d'ailleurs, n'a aucun rapport avec la question qui nous occupe.

Il n'y a donc rien de sérieux dans ce que le correspondant a avancé sur la doctrine de M. Olier en ce qui concerne la double présence de l'humanité du Sauveur, dans le juste, l'une par le sacrement de l'Eucharistie, l'autre par la foi. Cette prétendue doctrine est une chimère.

§ III. — ORIGINE, DÉVELOPPEMENT ET APPLICATION DE LA DOCTRINE DE L'ÉCOLE FRANÇAISE, OU ÉCOLE PIEUSE DE SAINT-SULPICE.

Le critique nous a prévenus, dès son premier article, qu'il était facile de désigner les principes spéculatifs de l'École et de les comparer avec la doctrine commune, mais qu'il est plus difficile de découvrir l'origine, le développement et l'application de ces principes à tout un système d'enseignement et de direction.

Nous avons vu s'il a tenu parole sur le premier point; il nous reste à juger s'il a été plus heureux sur la seconde partie du programme, qu'il avouait un peu plus difficile.

Il se livre d'abord à des recherches savantes pour

découvrir l'origine historique du système théologique, et il croit le trouver dans l'entretien du P. de Condren avec M. Olier. Inutile de revenir là dessus; ce n'est pas sérieux. Nous n'avons pas non plus à revenir sur M. de Ségur, dont il s'occupe autant et plus que de M. Olier; le peu que nous en avons dit suffit pour ne pas identifier la compagnie de Saint-Sulpice avec ce pieux prélat, qui ne passera jamais, ni pour chef, ni pour interprète de ce que l'on appelle l'*École française*.

On lit dans la *Correspondance :* « M. Olier, ce saint « prêtre, d'une incomparable piété, dut résister aux « Quiétistes, comme aux Jansénistes; mais il ne vit « pas le défaut du principe de ses maîtres. Entraîné « par le mouvement dirigé vers la vie intérieure, il « crut bien faire en accentuant davantage ce prin- « cipe, en portant la vérité de la présence intérieure « du Christ jusqu'à une réalité égale à celle du Saint- « Sacrement. L'hérésie allemande avait poussé la « négation de l'invisible jusqu'à la négation de la « présence réelle, et M. Olier avançait trop, dans l'af- « firmation de l'invisible, vers l'affirmation d'une « double présence réelle. Toutefois son génie a reculé « devant l'énoncé formel de cette double présence, « et Mgr de Ségur, qui l'a conclu de ses principes, va « plus loin que lui. Il y a même plusieurs passages, « où M. Olier paraît distinguer la présence de la foi, « d'avec la présence sacramentelle, par la réalité « même » (page 97).

C'est quelque chose que l'on avoue enfin que

M. Olier n'a pas énoncé formellement le principe de la double présence, qu'il y a même des passages dans ses écrits qui lui paraissent opposés. On aurait beaucoup mieux fait de reconnaître que la double présence de la sainte humanité, non seulement n'est pas énoncée dans les écrits de ce prêtre pieux, mais qu'elle ne ressort pas du tout de ses principes, quoi qu'ait pu dire M. de Ségur, si tant il y a que M. de Ségur l'ait jamais dit, ce que nous ignorons.

Mais comme il fallait au critique que la *Pieuse École de Saint-Sulpice* eût admis un principe, dont elle ne s'est jamais doutée, il part de cette supposition et il en vient enfin à en exposer les développements. Les uns sont principaux, dit-il, d'autres sont secondaires; il indique de plus certaines pratiques qui se rattachent plus ou moins au fameux système.

Les développements principaux sont 1° que dans l'ardeur de son zèle pour le combat de l'esprit contre la chair, M. Olier parle trop de l'anéantissement de la nature, ce qui le rapproche d'Eutychès; 2° qu'il recommande à ses disciples de s'appliquer à la destruction de leurs vices, moins par les macérations que par l'esprit de Notre-Seigneur et la pratique des vertus chrétiennes; ce qui a, dit-on, des inconvénients et peut compromettre le célibat ecclésiastique; 3° que par son principe il a été induit à admettre « la paternité génératrice du Père dans l'Incarnation, au lieu de faire concevoir Jésus-Christ *uniquement* par le Saint-Esprit »; 4° qu'en présentant l'incarnation comme une extension de la génération paternelle du

Verbe, il favorise les erreurs de Spinosa sur le Panthéisme. « Spinosa et d'autres panthéistes demanderont « si l'on ne consentirait peut-être pas à dire que les « mystères du christianisme sont les prolongements « des opérations intérieures de la divinité; et que « le monde n'est qu'un *extérieur*, un *voile*, une *ap-* « *parence* accidentelle, variant à l'infini, pour ma- « nifester sans cesse la richesse inépuisable d'une « même substance infinie. Cette question ferait « horreur à M. Olier, cet homme si catholique, mais « quelques-unes de ses expressions pourraient parfois, « à son insu, la faire naître » (page **100**).

Les développements *secondaires* sont 1° que la Sainte Vierge ayant la vie intérieure en partage, « saint Pierre lui était soumis. — Il est vrai qu'à « l'extérieur saint Pierre avait puissance sur elle; « mais à l'intérieur, il était soumis à la très sainte « Vierge »; 2° que saint Jean représente la vie intérieure; que les Apôtres avaient recours à lui pour s'instruire des mystères de Notre-Seigneur; qu'il n'est pas mort, il est devenu inviolable et immortel. Il voit saint Jean « mort à la dernière cène et « ressuscité, même avant Jésus-Christ le premier né « d'entre les morts ». 3° que M. Olier a inventé un singulier partage entre la partie supérieure de l'âme et la partie inférieure, pour affirmer que Notre-Seigneur dans la partie inférieure ignorait certaines choses avant sa résurrection (pages **100**, **102**, **103**).

Viennent enfin les *Conséquences du système*. Ce sont, nous dit-on, « certaines pratiques de vertu et de

« piété, louables sous plusieurs rapports, mais plus « ou moins liées à ce qui rend le principe défec- « tueux ». Le critique signale en particulier « la « publication anonyme des livres, parce que la grâce « de Saint-Sulpice est la vie cachée; pratique pro- « posée par M. Olier et suivie après lui. » — 2° l'application de la sainte Messe, selon les intentions de la Sainte Vierge « afin que Marie, qui n'offre pas « visiblement comme les prêtres, puisse offrir d'une « manière convenable à son état » (page, 104).

Nous le demandons à tout homme sérieux : quel lien logique peut-il remarquer entre le principe supposé et les conséquences indiquées? Fût-il aussi vrai qu'il est faux que M. Olier eût admis les principes que le critique lui a attribués, quel rapport y aurait-il entre ces principes, et ce que l'on nous donne comme leurs conséquences ou leurs développements?.. Mais qu'il y ait, ou qu'il n'y ait pas de lien logique entre ces sortes d'idées, y a-t-il du moins quelque chose de fondé dans ces observations du correspondant de Bruxelles, en ce qui concerne les doctrines et les pratiques de M. Olier? Hé bien, non. Nous nous en sommes occupé dans le livre de la *Doctrine* du fondateur de la compagnie de Saint-Sulpice (1). Chacun peut le consulter; ne pouvant pas répéter, sans cesse, les mêmes choses, bornons-nous à quelques réflexions.

I. — La vie intérieure qui nous a été si recommandée par les saints et dont M. Olier parle si fré-

(1) *Doctrine de M. Olier*, ch. I, p. 4. — chap. VI, § II, p. 97 et s. — § X, p. 248 et s. — chap. VII, § I, p. 295. — chap. X § II, 418 et s.

quemment, est une habitude de recueillement, en la présence de Dieu, et d'union à Notre-Seigneur, qui nous fait entrer dans ses pensées, dans ses sentiments, dans ses dispositions, et nous porte dès lors à l'imiter, à nous rendre semblables à lui, autant que notre faiblesse peut nous le permettre.

C'est l'homme nouveau que les divines Écritures nous exhortent à former en nous. « Ce nouvel « homme est proprement Jésus-Christ, vivant en « nous par son Esprit et nous revêtant de ses incli- « nations, de son génie, de ses sentiments et de ses « mœurs... Les vertus de Jésus-Christ, aussi bien que « Jésus-Christ même, se cachent au fond de l'âme, « sans qu'on les voie, ni qu'on les sente. Elles y sont « imprimées par la main toute puissante du Saint- « Esprit, qui est présent en nous et qui y fait sa rési- « dence; mais c'est par une voie si secrète et si in- « sensible que souvent il les opère dans le temps « même que nous sommes tourmentés de sentiments « tout contraires et tout opposés à ces vertus (1). »

Il y a bien des siècles que le grand évêque de Poitiers, saint Hilaire, écrivait ces lignes : *Hæc vitæ nostræ causa est, quod in nobis carnalibus manentem Christum habemus, viventibus nobis per eum ea conditione qua ipse vivit per Patrem.* Le principe, la cause de notre vie, c'est que nous avons le Christ demeurant en nous; nous vivons par lui, comme lui vit par son Père (2).

(1) *Traité des Saints Ordres*, par M. Olier, 1re partie, chap. IV, p. 58, 68.

(2) *De Trinitate*, lib. VIII. n. 16.

II. — Cette vie surnaturelle nous est communiquée d'une manière particulière par la communion eucharistique, et par la communion spirituelle avec Notre-Seigneur; communion qu'opère le Saint-Esprit, en nous unissant à lui, par les divers moyens qu'il a plu à Dieu d'établir. La communion sacramentelle est un moyen très efficace, car Notre-Seigneur nous a déclaré que sa chair est un aliment pour notre âme, que son sang précieux est un breuvage. C'est un aliment, c'est un breuvage tout spirituel qui nourrit notre âme de la vie de Notre-Seigneur, et qui nous transforme en lui, comme nous l'ont dit saint Augustin, saint Léon, saint Thomas d'Aquin (1). L'aliment matériel se transforme en notre corps; par l'aliment spirituel notre âme est transformée en Notre-Seigneur en ce sens qu'elle participe à sa vie. Celui, dit le Sauveur, qui mange ma chair, demeure en moi, et moi, je demeure en lui. La sainte et adorable humanité de Jésus-Christ disparaît avec le sacrement, par la consommation des espèces sacramentelles; mais la grâce produite par la vertu vivifiante attachée au corps et au sang du Sauveur, demeure en nous; nous continuons à vivre de sa vie.

Il y a de plus, avons-nous dit, la communion spirituelle, qui s'opère en dehors du sacrement de l'Eucharistie, quand Notre-Seigneur nous unit à lui, par les divers moyens de grâce qu'il a établis, ou par des communications intimes et directes de son

(1) *Pietas seminarii S. Sulpitii*, expliquée par M. de Champgrand, Ed. 1885.

Saint-Esprit. « Dieu, dit M. Olier, nous a donné son « fils pour habiter en nous, non seulement dans le « temps que nous communions à son corps et à son « sang, mais encore dans tous les moments de la vie... « Que Notre-Seigneur habite en nous, autrement que « par la sainte communion ce n'est pas moi qui vous « le dis, c'est saint Paul par ces paroles : *Christum « habitare per fidem in cordibus vestris.* Jésus-Christ « habite en nos âmes, y opérant la vie divine, qui « est toute comprise sous le nom de foi. Il n'habite « pas seulement en nous, comme Verbe, par son im- « mensité, pour opérer les œuvres de la nature, et « pour nous donner la vie humaine, mais il habite « aussi en nous comme Christ par sa grâce pour nous « rendre participants de son onction et de sa vie di- « vine (1). »

Aurait-on jamais soupçonné que ces lignes dussent un jour donner lieu à un écrivain, d'établir un parallèle quelconque entre les paroles de M. Olier et les interprétations hérétiques de Calvin et de Zwingle? Ces novateurs ont nié la présence de Jésus-Christ dans le sacrement de l'Eucharistie, et ils ont dit que c'est par la foi seulement, c'est-à-dire par pure imagination, qu'on se rend présent, sur la terre, le corps du Sauveur qui n'est qu'au ciel, depuis le jour de l'Ascension. M. Olier profondément convaincu de la présence eucharistique, a enseigné qu'en dehors de la communion sacramentelle, on peut par la prière et l'opération

(1) *Catéchisme*, IIe partie ; leçon V.

du Saint-Esprit, obtenir que Notre Seigneur vienne vivre et demeurer spirituellement en nous? Qu'y a-t-il donc de commun entre les hérésies des protestants et cet enseignement tout fondé sur le saint Evangile? Pourquoi ne pas y voir plutôt le vrai sens des paroles de Notre-Seigneur : si quelqu'un m'aime et observe mes commandements, mon Père l'aimera, et nous viendrons à lui et nous ferons notre demeure en lui, *Apud eum veniemus et mansionem apud eum faciemus*(1)? ou de celles de saint Paul que nous avons citées plus haut : Le *Christ vit en moi.* Il est vraiment étrange, que le critique ne puisse pas voir dans M. Olier une mention de la demeure de Jésus-Christ en nous, sans l'interpréter d'une demeure par l'humanité du Sauveur!

III. — Cette vie intérieure, cette vie surnaturelle, ne s'établit, elle ne se développe en nous, que sous la condition de la prière et de la mortification, ce que M. Olier désigne souvent sous le nom d'*anéantissement*, de *crucifiement*, de *mort du vieil homme*, etc. Ici encore le correspondant de Bruxelles se demande, si en parlant de cette mort du vieil homme, de cet anéantissement, nous ne craignons pas de tomber dans l'hérésie d'Eutychès? Singulier scrupule! Serait-il assez étranger au langage ordinaire des auteurs ascétiques, pour ne pas savoir que cet anéantissement ne signifie autre chose que la pratique de la mortification, dans une âme qui tend à la perfection de la vie

(1) S. Jean, ch. XIV, v. 23.

chrétienne? cette âme conserve son être propre avec ses facultés; mais elle combat, elle cherche à détruire ses mauvaises inclinations, tout ce qui en elle est opposé à l'esprit de Dieu, aux saintes maximes de la foi.

Tandis que le censeur trouve exagéré ce que l'on demande, en matière d'abnégation, à certaines âmes que la grâce appelle à s'élever au-dessus des conditions ordinaires, il lui semble que M. Olier n'a pas assez insisté sur la nécessité de mortifier les sens, ou du moins qu'il a trop témoigné de préférence pour les mortifications intérieures. « Cette doctrine, pense-t-il, « a ses avantages; mais elle a aussi ses inconvénients, « surtout pour le célibat ecclésiastique » (page 99).

Il peut être parfaitement tranquille à cet égard. Qu'il suive les exemples et les conseils de M. Olier sur la mortification; qu'il engage ses confrères à faire de même; très certainement, ni lui, ni eux n'auront rien à craindre pour le célibat.

M. Olier a mené une vie pénitente. Il recommandait à ses disciples une vigilance habituelle sur les sens, pour mortifier la vue, le goût, le toucher; il estimait beaucoup les pénitences extérieures, pourvu qu'elles fussent réglées par l'obéissance; c'est des macérations extraordinaires qu'il parlait quand il conseillait, avant tout, la vigilance et la prière, l'obéissance et l'esprit intérieur; car, disait-il : « la mortification « excessive de la chair peut nuire au corps et à l'es- « prit; au corps en l'affaiblissant et le ruinant, sans « ruiner pourtant le fond de la vie maligne qui est

« en nous; à l'esprit, par l'estime secrète de soi-même, « et la confiance en ses œuvres; car cette mortifica-« tion, quand elle n'a pas l'intérieur pour principe, « forme dans le secret du cœur une certaine complai-« sance et estime de soi. Elle donne à l'âme un cer-« tain appui fondé sur ses propres œuvres, ce qui « forme bien plutôt la superbe qu'elle ne la détruit. « La mortification intérieure n'a pas cet inconvé-« nient... En crucifiant le cœur on crucifie la source « universelle des inclinations et des appétits. Qui-« conque met le feu à la racine d'un arbre, fait mou-« rir en même temps, les branches, les feuilles, les « fleurs et les fruits de cet arbre. Ainsi celui qui « travaille à mortifier l'esprit et le cœur, mortifie en « même temps la vieille créature. » M. Olier prononça ces paroles dans un Panégyrique de saint François de Sales dont il reproduit la doctrine, qui est la doctrine commune des saints.

IV. — Suivent d'autres difficultés, présentées par le correspondant de Bruxelles, comme *développements secondaires du principe primordial.* Il y en a deux surtout, comme on l'a vu plus haut; la première concerne les rapports de la sainte Vierge avec saint Pierre; l'autre, l'apostolat de saint Jean. « Saint « Pierre, nous dit-on, était soumis, selon M. Olier, à « la sainte Vierge. Il est vrai qu'à l'extérieur saint « Pierre avait puissance sur elle, étant l'image ex-« térieure de Jésus-Christ, mais à l'intérieur, il était « soumis à la sainte Vierge » (pag. 100). Le critique aurait dû voir dans les paroles même qu'il cite, une réponse péremptoire à son objection. Dans le for extérieur, saint Pierre avait une plénitude de puissance pour gouverner l'Église, à laquelle rien n'était soustrait, pas même la sainte Vierge. Dans le for intérieur, saint Pierre, comme les autres Apotres vénérait une mère, dans l'auguste mère du fils de Dieu, et s'estimait heureux de prendre et de suivre ses conseils; nous nous demandons : où peut être la difficulté? Cela n'est-il pas conforme à une doctrine communément reçue dans l'Église, que toutes les grâces nous viennent par Marie?

Voici ce que l'on dit de saint Jean : « Le bien-aimé « de Jésus et de Marie vient aussi représenter la vie « intérieure... Saint Jean représentait Jésus-Christ « comme chef intérieur de l'Église, tandis que saint « Pierre et ses successeurs le représentent comme « Pasteur visible, comme chef extérieur *à qui tout le « monde doit aboutir* ». Nous ne savons pourquoi notre critique a supprimé, par quelques points, ces derniers mots que nous signalons et qui sont très énergiques pour exprimer la pensée de M. Olier sur la primauté de saint Pierre, à qui tout doit aboutir. Aurait-il cédé à la tentation de faire ce qu'il reproche à M. Faillon? C'est pourtant là le point capital : une fois bien admis le principe catholique de la Primauté Apostolique, Primauté d'enseignement et de juridiction que saint Pierre ne partage avec personne, à laquelle tous sont soumis, il n'y a pas lieu de se préoccuper de l'idée, si saint Jean représentait, ou ne représentait pas Notre-Seigneur. Rien d'ailleurs ne s'oppose à ce que parmi les saints, les uns représentent plus particulièrement tel mystère de Notre-Seigneur, plutôt qu'un autre.

Il est peu sage de faire intervenir ici, même par simple allusion le système erroné des deux chefs de l'Église, système qui n'a aucun rapport à la question. Il est inconvenant de dire que, si saint Pierre s'était inspiré dans le for intérieur des pensées de saint Jean il ne serait plus « qu'une *doublure de son jeune confrère* ». Quand on a vu dans l'Évangile de ce saint Apôtre et dans l'Apocalypse l'étendue des lumières qu'il avait reçues de Notre-Seigneur, et la faveur qu'il eut de vivre avec la sainte Vierge, comme un fils avec sa mère, peut on être choqué, ou même surpris, de l'idée que saint Pierre et les autres Apôtres aient aimé à conférer avec lui sur les mystères de l'Évangile, tant qu'ils purent conserver des rapports entre eux, avant leur dispersion?

Quelques lignes plus bas, le critique entend d'une mort naturelle de saint Jean, à la dernière cène, ce que M. Olier dit de sa *mort mystique;* il le fait ainsi mourir et ressusciter pendant la dernière cène.

Tout ce qu'il y a de vrai dans cet épisode, c'est que, selon les idées du pieux écrivain, l'Apôtre saint Jean serait entré, pendant son sommeil mystérieux sur le sein de Notre-Seigneur, dans ce détachement parfait de soi-même que les auteurs ascétiques appellent une mort mystique, et qu'il aurait puisé là une grâce extraordinaire, influant sur son corps, comme sur son âme, qui le rendait inaccessible aux atteintes de la mort naturelle, jusqu'à la fin du monde. Dans la pensée de M. Olier ce saint Apôtre ne devait mourir qu'alors, comme Élie et Hénoch. C'est une idée que bien des docteurs ont eue avant M. Olier, idée généralement abandonnée aujourd'hui, mais qui ne blesse aucun des principes de sa foi. Nous en avons parlé dans notre livre sur *la doctrine de M. Olier* (1).

V. — On a résolu, dans ce même livre, une autre difficulté, au sujet de l'ignorance où Notre-Seigneur aurait été, jusqu'au jour de sa résurrection, sur certaines choses, comme sur le jour du jugement. M. Olier pensait et il a écrit dans ses *Mémoires,* que Notre-Seigneur connaissait toutes choses, dans la partie supérieure de son âme, qui jouissait de la lumière béatifique, mais qu'il les ignorait dans la partie de lui-même qui ne jouissait pas de cette lumière. Le critique trouve fort étrange cette division de la partie supérieure de l'âme. Pour nous, nous trouvons la division très raisonnable et pouvant seule expliquer ce qui est dit de la passion du Sauveur, bien qu'il y ait là un profond mystère. Ne voyons-nous pas dans l'histoire évangélique, Notre-Seigneur jouissant d'une parfaite béatitude, et, en même temps, éprouvant une tristesse mortelle? Comment concilier dans une même âme, une joie parfaite et une profonde douleur, sinon en distinguant en elle deux parties, l'une qui jouissait de la gloire; l'autre, qui en était privée, comme il convient à une âme qui est encore dans la voie, *in statu viatoris*, comme disent les théologiens : car ici il ne

(1) Chap. X, p. 428 et suiv.

s'agit pas de la partie purement sensitive, mais de l'âme raisonnable, qui seule peut éprouver la tristesse. Le cardinal Franzelin dit que la conciliation d'une grande joie et d'une extrême douleur est un grand mystère, mais qui ne répugne pas à la toute-puissance de Dieu ; M. Olier raisonne et parle de même ; il croit que l'on peut concilier la connaissance et l'ignorance dans une âme, considérée à deux points de vue différents, comme on est obligé d'admettre en Notre-Seigneur une pleine béatitude, avec une très grande tristesse (1).

VI. — Le critique arrive enfin aux *conséquences* du système. Pourquoi distingue-t-il les *conséquences* d'avec les *développements*? Nous n'en savons rien ; car ce que nous avons vu jusqu'ici n'est pas plus un développement du système attribué à M. Olier, que ce que nous allons voir n'en est une conséquence. C'est tout simplement un relevé de tout ce qui lui a paru défectueux dans les pratiques de M. Olier et dans les usages de la Compagnie.

Il blâme d'abord la publication anonyme des ouvrages, « pratique, dit-il, proposée par M. Olier et « suivie après lui ; » et il fait lui-même ce qu'il blâme dans les autres. Toutes les critiques qu'il dirige contre M. Olier et contre la compagnie de Saint-Sulpice, ne portent aucune signature, de sorte que nous ignorons encore quel en est le véritable auteur. Sans nous arrêter à cette étrange inconséquence, nous observe-

(1) *Doctrine de M. Olier*, p. 101 à 103.

rons, 1° qu'il n'est pas vrai que M. Olier nous ait donné pour règle de garder l'anonyme quand nous publions un livre. Cette règle ne se trouve nulle part dans nos constitutions, ni dans les avis que nous a donnés notre pieux fondateur. Nous dirons 2° que les premières éditions de ses œuvres, faites un an ou deux après sa mort, portent, en titre, les noms et qualités de l'auteur; preuve manifeste que les disciples ne connaissaient pas cette prétendue règle. On peut en dire autant des livres de M. Tronson. Nous remarquerons enfin, 3° que M. Olier, en s'intitulant, en tête de ses livres, *Prêtre du clergé*, ne cherchait point à se cacher sous le voile de l'anonyme, car il explique lui-même, dans un exposé présenté au clergé de France, pourquoi il avait pris ce titre (1). De plus, les livres qu'il fit imprimer avant sa mort, parurent avec l'approbation des évêques du Puy, de Boulogne, de Soissons, de Pamiers, et avec celle des théologiens, examinateurs officiels, qui était nécessaire alors pour obtenir le privilège du roi; ce qui montre que le nom de l'auteur était parfaitement connu.

Si dans la suite, plusieurs prêtres de Saint-Sulpice n'ont pas voulu mettre leur nom en tête des livres qu'ils ont publiés, se bornant à le faire connaître aux examinateurs officiels, ils ne se sont pas conduits ainsi, pour obéir à une règle, mais pour suivre un attrait qui leur faisait préférer l'obscurité, selon le

(1) *Doctrine de M. Olier*, p. 4; 519.

conseil de l'auteur de l'*Imitation : ama nesciri.*

Les conditions autrefois requises, en France, pour la publication d'un livre, ne s'observant plus, nous avons suivi, depuis plusieurs années, une pratique différente; il nous a paru plus conforme aux vœux du saint-siège, que le nom de l'auteur fût inscrit sur l'ouvrage qu'il publie.

Le critique, tout en faisant l'éloge de M. Olier rend son humilité suspecte : il cite quelques paroles extraites des *Mémoires*, dans lesquelles le serviteur de Dieu parle avec une filiale reconnaissance des dons surnaturels qu'il avait reçus. Il est facile de dénaturer et de fausser le sens d'un texte, quand on l'isole de ce qui précède et de ce qui suit; quand on ne tient pas compte des circonstances. En lisant les textes même qu'il avait sous les yeux, mais avec un peu plus d'attention, il aurait remarqué que les *Mémoires* n'ont pas été écrits par M. Olier, pour être donnés au public, mais uniquement pour son Directeur, auquel il devait par obéissance, rendre compte de ce qui se passait dans son intérieur, à la suite de très pénibles épreuves. Dès lors bien éloigné de soupçonner dans ces pages, des sentiments de vanité, il aurait, plutôt, été touché et édifié, de voir cette âme si reconnaissante des bienfaits de Dieu. Elle sentait si vivement que tout ce qu'elle avait, venait de sa divine et paternelle miséricorde. *Misericordias Domini in æternum cantabo* (1).

(1) *Doctrine de M. Olier*, p. 6; 561 à 568.

Une autre pratique que n'approuve pas le censeur est l'usage qu'avait « M. Olier, d'appliquer de temps « en temps le saint sacrifice de la Messe selon lés « intentions de la sainte Vierge ». Il nous fait là-dessus une leçon de théologie. « Les *Apôtres* de ces « messes sont-ils bien certains que l'application d'un « sacrifice à offrir sur la terre, par des hommes mor-« tels, puisse être remise à un habitant du ciel? Les « deux Églises, militante et triomphante, sont dis-« tinctes et leurs offices sont différents. Le sacrifice « de la croix appartient à la terre et son application « sacerdotale est un bien d'ici-bas. Le prêtre applique « selon l'intention de ceux qui communiquent, ou « ont communiqué avec lui ici-bas, et lui ont mani-« festé leur volonté, suivant l'ordre des sacrifices, « c'est-à-dire comme participant avec lui au même « sacrifice de la terre. Mais les habitants du Ciel sont-« ils dans cette union d'offrande faite ici-bas avec « le prêtre? Lui ont-ils déclaré leurs intentions par-« ticulières, ou au moins qu'ils en avaient une? » (page 104).

Ces questions nous embarrassent fort peu; elles supposent que le contradicteur n'a pas une idée nette, ni de la doctrine qu'il veut exposer, ni de la pratique qu'il blâme.

Il n'est pas exact de dire que le sacrifice de la messe appartient à la terre et que son application sacerdotale est un bien d'ici-bas, si l'on ne sous-entend qu'il appartient aussi au Ciel et que son application sacerdotale est un bien qui intéresse l'Église triomphante et l'Église souffrante, comme l'Église militante. La vérité est que le saint sacrifice est un bien de l'Église universelle. Nous l'offrons en l'honneur des saints qui jouissent dans le Ciel, pour le soulagement des âmes qui souffrent au Purgatoire, pour la sanctification des hommes qui militent sur la terre. Quand le Prêtre offre ce divin sacrifice, nous dit le pieux auteur du livre de l'Imitation, il *honore Dieu*, il *réjouit les anges*, il *édifie l'Église*, il *aide les vivants*, il *procure un soulagement aux morts.*

L'application du saint sacrifice n'est donc pas *un bien d'ici-bas* seulement. Cela posé, peut-on douter que la Bienheureuse Vierge et les Saints ne s'intéressent aux âmes qui combattent sur la terre, et à celles qui souffrent au Purgatoire, ainsi qu'aux œuvres à entreprendre pour la gloire de Dieu? La Vierge et les Saints peuvent-ils obtenir l'effet de leur intercession, autrement que par les mérites du sacrifice de la Croix, renouvelé dans le Saint Sacrifice de l'autel? Il est donc tout naturel de penser qu'ils accueillent très volontiers l'acte du Prêtre qui en célébrant les saints mystères, les offre dans leur intention. Qu'importe que nous ignorions quelle est, en particulier, cette intention? Ne l'offrons-nous pas très souvent dans les intentions de tels et tels fidèles, sans savoir quelles sont ces intentions? Sans doute la sainte Vierge n'a pas communiqué spécialement avec nous, comme ont fait les fidèles qui nous ont prié de célébrer, mais en connaissant le désir qu'elle a de glorifier son divin fils, de le remercier des grâces qu'elle en a reçues, l'intérêt qu'elle porte aux âmes et aux œuvres entreprises dans l'Église, nous sommes très fondés à présumer qu'elle accepte notre offrande, qu'elle lui est très agréable, et qu'elle la met à profit pour réaliser ses désirs.

L'Église approuve une pratique qui a beaucoup d'analogie avec la dévotion dont il s'agit ; c'est l'acte de charité, désigné sous le nom de l'acte héroïque, par lequel nous remettons entre les mains de la sainte Vierge, les Indulgences que nous gagnons et le fruit satisfactoire de nos bonnes œuvres, en faveur des âmes du purgatoire, afin qu'elle-même les distribue selon ses intentions (1).

§ IV. — L'OEUVRE DE M. OLIER, SELON LA CORRESPONDANCE DE BRUXELLES ET M. JUSTIN FÈVRE.

A la suite des observations critiques sur la doctrine prétendue de l'*École française,* on s'occupe de l'œuvre de M. Olier dans la fondation des séminaires ; de la situation de ces établissements vis-à-vis des évêques ; de l'éducation cléricale donnée aux clercs ; on finit par l'appréciation de la Compagnie de Saint-Sulpice.

I. — Selon le critique, dans la pensée de M. Olier « les « Religieux, aussi bien que ceux de saint Ignace sont « pour le Pape, tandis que les prêtres de Saint-Sulpice « sont pour les Évêques. Toutefois, ajoute-t-on, il ne « sépare pas les Évêques de leur chef... mais dans un « long mémoire pour l'établissement d'un séminaire,

(1) *Doctrine de M. Olier*, ch. VII. § 1. p. 295 et suiv.

« s'adressant à l'Assemblée du clergé de France de « 1652, il ne parle plus du souverain Pontife, mais « seulement des Évêques, les saints prélats dont la « puissance suprême et l'éminente sainteté, sont ex- « primés en termes pompeux, propres à flatter les « Prélats de Louis XIV, la plupart hommes de cour « et surtout Gallicans » (p. 119).

Nous remarquerons, en passant, que Louis XIV avait de treize à quatorze ans, en 1652, et que par conséquent il n'était pas encore question des *Prélats de Louis XIV;* que les évêques, sous Louis XIII, n'étaient pas alors si gallicans qu'on le dit; mais passons outre.

Les sentiments de M. Olier sur la puissance suprême du souverain Pontife, et sur les privilèges éminents que Notre-Seigneur y a attachés, ne sont douteux pour aucun de ceux qui connaissent sa vie et sa doctrine; nous en avons traité ailleurs (1). Pourquoi donc ne parle-t-il que des Évêques dans son projet pour l'établissement d'un séminaire? La raison en est fort simple : c'est que par leur nature, et dans la pensée du Concile de Trente, les séminaires sont les Écoles Épiscopales; elles sont sous la direction immédiate de chaque Évêque, pour son diocèse. Aussi le Concile de Trente, dans son décret, ne parle-t-il que des Évêques, et non pas du Pape. L'autorité éminente du souverain Pontife est supposée; c'est incontestable, comme elle l'est pour toutes les Institutions de l'Église.

De là ressort la différence que M. Olier a mise entre

(1) *Doctrine de M. Olier*, ch. I, § 2, p. 12, 13; — ch. VI, § 9, p. 228; — ch. X, § II, p. 411 et suiv.

les Religieux des ordres établis pour l'Église universelle et les Prêtres de Saint-Sulpice ; différence que le critique énonce d'une manière qui n'exprime que très imparfaitement l'idée du vénéré fondateur de la Compagnie de Saint-Sulpice. Les Religieux tiennent immédiatement leur mission du Pape, sous la réserve de la subordination où ils doivent être à l'égard des Évêques des diocèses, dans lesquels ils travaillent; les Prêtres de Saint-Sulpice étant chargés de la direction des séminaires, dont les Évêques sont les vrais supérieurs, ne tiennent que d'eux, la mission qu'ils exercent dans ces établissements. Ils n'ont pas d'ailleurs moins de vénération et d'obéissance filiale pour le Pape, que les Religieux. Sous ce rapport il n'y a aucune distinction à faire, grâces à Dieu.

Le « long discours de M. Olier, en style surabondant, « dit-on, fausse imitation de l'Aréopagite, se termine « par une recommandation importante à tous les séminaristes : c'est que l'Évêque, le saint Prélat, ne « fera jamais l'honneur au séminaire d'y descendre, « que tous les sujets ne fondent en révérence et *adoration profonde* devant lui, *adorant intérieurement la « personne, la sainte majesté de Jésus-Christ* qui réside en eux ».

Il y avait bien quelque analogie, dans le genre d'esprit, entre saint Denis et M. Olier ; ils avaient puisé l'un et l'autre aux mêmes sources ; M. Olier avait lu les écrits de l'Aréopagite, mais il s'occupait si peu du style et de la forme à donner à sa parole, qu'il n'a certainement pas cherché à imiter le style de qui que ce soit; il est bien lui-même et toujours dans ses écrits les plus intimes, comme dans ses livres. Ce qui dominait en lui, c'était l'esprit de foi, et un grand amour de Notre-Seigneur, ce qui le portait à le rechercher, à le voir en tout. Pendant plusieurs années, et aussi longtemps que son Directeur le lui permit, il se jetait aux pieds des pauvres qu'il rencontrait et il baisait leurs pieds, considérant Jésus-Christ dans leurs personnes; il n'est donc pas surprenant qu'il vénérât, que dans le secret de son cœur, il adorât Notre-Seigneur et sa suprême majesté, dans les Évêques, et qu'il communiquât ces sentiments aux élèves du séminaire! C'est bien le même principe de foi qui a inspiré à l'Église de donner, dans sa sainte Liturgie, tant de marques de vénération aux Prélats, les encensements, les génuflexions, hommages qui ne s'arrêtent pas à l'homme, mais qui s'élèvent à Jésus-Christ que représente le Prélat. C'est pour la même raison que l'on donne aux Papes et aux Évêques, les termes honorifiques de Sainteté, et autres. Plût à Dieu, que dans les temps où nous vivons, ces sentiments de religieux respect, ces vues surnaturelles, ne s'altérassent pas dans le clergé.

II. — Sous l'inspiration de cette foi et de cet amour, M. Olier s'était fait une très haute idée de la sainteté à laquelle doivent aspirer les clercs, et il avait un extrême désir de les voir correspondre à la grâce de leur vocation, selon toute son étendue.

Il avait en très haute estime l'état religieux; il parle souvent dans ses *Mémoires*, des grands services qu'ils ont rendus et qu'ils ne cessent pas de rendre à l'Église. Ce qu'il dit de l'ordre de Saint-Benoît est très remarquable; mais il n'en considérait pas moins le clergé séculier comme le premier ordre dans l'Église, et, quand il mettait le prêtre et le religieux en parallèle, il ne manquait pas de donner la préférence au prêtre, car l'ordre sacré du sacerdoce est plus excellent, il demande plus de vertu, une plus grande sainteté, que la profession religieuse, envisagée en elle-même, séparée de la consécration sacerdotale. Les ordres religieux donnent, par leurs règles, des facilités pour pratiquer d'une manière plus sûre les vœux du baptême et engagent à entrer dans la voie de la perfection; le sacerdoce demanderait que l'on fût établi dans la perfection.

Cet enseignement n'est pas particulier à M. Olier; il écarte la plupart des observations faites par notre critique. Il en est une autre qui attire notre attention; elle est relative aux séminaires. Il n'y a pas lieu de discuter ici la nécessité des séminaires. Dans tous les temps on a pourvu, aussi bien qu'on le pouvait, à l'éducation des clercs, et les ordres religieux ont beaucoup aidé dans cette œuvre, comme nous l'avons constaté dans un livre sur les *Traditions de la Compagnie de Saint-Sulpice, pour la direction des séminaires.* Tant il y a cependant que dans les siècles qui ont précédé immédiatement le Concile de Trente, il y avait eu un grand relâchement dans la discipline, et que la formation des élèves, leur préparation au sacerdoce laissait beaucoup à désirer. Le Concile de

Trente regarda alors la création des séminaires, sous la direction des Évêques, comme moralement nécessaire. M. Olier ne dit pas autre chose; mais le critique prétend que l'éducation cléricale dans ces établissements est très imparfaite; il croit sans doute mieux comprendre la nature et les conditions de ces sortes d'établissements que ne les ont comprises saint Vincent de Paul et M. Olier, que ne les comprennent tous les Évêques de France; car nous le verrons bientôt, et c'est un fait incontestable, qu'il n'y a que des nuances légères, et purement accidentelles, entre les divers séminaires de France, qu'ils soient dirigés par les enfants de M. Olier, ou par ceux de saint Vincent de Paul, ou par des prêtres séculiers; les Religieux du Sacré-Cœur, et les Pères Maristes n'ont pas d'autre méthode.

Le critique objecte qu'il n'est pas sorti des séminaires, des saints déclarés tels par l'Église. Nous sommes tenté de lui demander s'il a compté le nombre des saints canonisés, formés depuis le Concile de Trente, dans les divers séminaires des autres pays. Nous n'avons pas fait, nous, le calcul; seulement nous avons eu la consolation de voir, de nos jours, mis au nombre des Bienheureux, quatre Prêtres qui ont été élevés, deux au séminaire de Saint-Sulpice, les Bienheureux Grignon de Montfort et de La Salle; un dans un séminaire de Saint-Lazare, le Bienheureux Perboyre; le quatrième, au séminaire de Belley, le Bienheureux Chanel. Ce nombre ne répond pas aux demandes du critique, attendu que, selon lui, si M. Olier n'avait pas suivi le principe particulier des PP. de Bérulle et « de Condren, son école aurait vu sans doute une lé- « gion de saints et de martyrs monter sur nos autels ».

Ne soyons pas injustes envers le clergé de France; ne méconnaissons pas le don de Dieu. Sans doute il n'est pas sorti de nos séminaires, depuis leur établissement, pas plus que des séminaires d'Italie, d'Espagne, d'Autriche, ou de tout autre pays étranger, des *Légions de saints et de martyrs placés sur nos autels,* mais ces séminaires n'en ont pas moins produit dans tous les rangs du clergé, un nombre incalculable d'hommes vénérables et saints, qui ont honoré leur caractère par de grandes vertus, par un dévouement absolu à l'Église, d'hommes vraiment apostoliques qui ont porté en France et dans les missions lointaines, la bonne odeur de Jésus-Christ. Quel spectacle a présenté au monde le clergé de France pendant la révolution de 93! Que d'Évêques et de prêtres ont sacrifié à leur foi et à l'obéissance qu'ils devaient au Saint-Siège, leurs intérêts de ce monde! Combien ont souffert les tristesses de l'exil et les privations les plus dures, pour ne pas trahir leur sacerdoce! Combien se sont dévoués en restant dans leur patrie, au service des âmes au milieu des plus grands périls, la nuit et le jour! Que dire de ces prêtres qui ont souffert un long martyre et sont morts dans la Guyane, sur les pontons de Rochefort, dans les cachots, avec un calme, une résignation, une magnanimité qui ne se sont jamais démentis! Que d'autres sont montés sur l'échafaud, animés du même esprit de sacrifice! Tous ces prêtres dignes d'une mémoire éternelle avaient été formés dans nos séminaires de France, que les établissements fussent dirigés par les enfants de M. Olier, ou par ceux de saint Vincent de Paul, ou par des prêtres du clergé séculier. Il n'y avait entre les uns et les autres, comme il n'y a encore aujourd'hui, que des diversités purement accidentelles. C'est le même fond, les mêmes maximes, les mêmes règles. Il n'est pas permis d'oublier le passé, ni de ne pas tenir compte de tout ce qu'a fait le clergé de France depuis le commencement de ce siècle, pour relever l'Église des ruines que la révolution avait amoncelées; ce serait pousser la prévention, sous l'empire d'idées préconçues, à des excès que le bon sens condamnerait.

D'ailleurs, que le critique veuille bien nous dire, s'il le sait, ce qui distingue le principe sur la vie intérieure que M. Olier aurait, dit-il, reçu de l'Oratoire, des enseignements de sainte Thérèse, de saint Jean de la Croix, de saint François de Sales, de saint Vincent de Paul?

Nous ne voulons, pas plus que le correspondant de Bruxelles, être une École *terre à terre,* et empêcher qu'il ne se forme des saints. Ce que nous disons dans nos entretiens, ce que nous imprimons dans nos livres, ce que nous recommandons dans la direction des clercs, ce que nous prêcherions sur les toits, c'est qu'il faut vivre, non dans un état de dissipation, selon les maximes de la chair et du monde, mais d'une vie intérieure; que cette vie se forme en nous par l'habitude du recueillement, par la prière, par l'esprit de foi et de charité que Notre-Seigneur répand en nous; que ce divin Sauveur vit et opère en nous par son Saint-Esprit; que c'est bien là le vrai principe de la vie chrétienne; que cette vie nous applique à un fidèle accomplissement de tous les devoirs que Dieu nous impose; que la vigilance sur nous-mêmes, la mortification des inclinations corrompues de la nature, l'usage des sacrements, surtout de la sainte Eucharistie et la dévotion à la sainte Vierge, sont des conditions ordinaires pour nous établir, nous affermir, nous faire faire des progrès dans la vie surnaturelle.

Voilà, en résumé, la doctrine que nous avons reçue de M. Olier; qu'il avait lui-même reçue des prêtres vénérables sous la direction desquels il s'était trouvé, et dans laquelle la méditation l'avait confirmé. N'est-ce pas la même doctrine que nous trouvons dans les écrits des saints et des docteurs les plus autorisés? Que le critique nous contredise, s'il l'ose; qu'il essaye de prouver que nous ne disons pas vrai; ou qu'il nous montre, qu'en enseignant ces principes et tâchant de les mettre en pratique, nous représentons, ce qu'il appelle l'École *terre à terre; enseignement d'une morale commune, presque triviale, avec exclusion de tout ce qui est élevé, mystique, surnaturel.*

III. — Nous nous arrêterons moins sur l'appréciation faite par le correspondant de Bruxelles, de la Compagnie de Saint-Sulpice. Il ramasse dans quelques alinéas des incidents sans portée. Il cite des paroles de Napoléon contre les prêtres de Saint-Sulpice qui lui étaient devenus odieux, à cause de leur inébranlable attachement aux prérogatives du Saint-siège. Il rappelle quelques grossièretés échappées à la plume d'un polémiste assez connu, et dont le saint Père Léon XIII nous a conseillé de ne pas nous inquiéter. Il nous parle d'une note que Pie VII aurait mise à la marge d'un mémoire sur Saint-Sulpice : *Congrégation à supprimer sitôt que les circonstances le permettront.*

Le critique ne relate ces choses que sous toute réserve ; il dit ne vouloir pas les garantir. Il les consigne néanmoins dans ses écrits, sans doute pour que la mémoire ne s'en perde pas. Nous n'y attachons aucune importance, nous contentant de dire seulement deux mots de la prétendue note de Pie VII.

Quoique nous ayons eu beaucoup de rapports avec la Nonciature et des rapports très obligeants, nous n'avons jamais entendu parler de cette note, et nous ne croyons pas qu'elle ait été jamais écrite par Pie VII, attendu que notre compagnie a reçu bien des fois des faveurs de ce Pape ; que Pie VII avait accueilli à Paris, avec une bienveillance paternelle, M. Émery lors de son séjour à Paris et l'avait beaucoup encouragé à continuer son œuvre dans la direction des séminaires, et qu'enfin il n'a fait parvenir, dans aucune circonstance, la moindre plainte, le moindre avis sur la Compagnie de Saint-Sulpice.

Toutefois il ne serait pas impossible qu'à une époque où les disciples de Lamennais, fort mécontents de la Compagnie de Saint-Sulpice qui repoussait de son enseignement, et faisait réfuter par ses professeurs, les systèmes erronés du maître, répandaient à Rome et ailleurs les accusations les plus malveillantes contre nous, sous prétexte que nous étions Gallicans, il ne serait pas impossible, disons-nous, que quelqu'un dans la main duquel ce mémoire serait tombé, eût écrit sans aucun caractère officiel, les mots que l'on a voulu attribuer à Pie VII.

Quoi qu'il en soit de l'existence et de l'origine de la note, les nuages que l'on avait voulu former sur Saint-Sulpice, se dissipèrent peu à peu, devant la conduite simple, loyale de ses membres, qui, sans chercher à faire du zèle, sont toujours demeurés franchement et filialement soumis à l'autorité sacrée du Siège Apostolique. Le Pape Pie IX de vénérable mémoire, a daigné approuver la Compagnie par un acte authentique, et Notre Saint-Père le Pape Léon XIII nous a adressé les paroles les plus bienveillantes, les plus consolantes.

Nous en avons fini avec le correspondant de Bruxelles. Il a terminé ses articles par un bon témoignage rendu aux vertus éminentes et aux travaux de M. Olier; il exprime le vœu que le bon prêtre soit canonisé. Nous lui en sommes reconnaissant, mais nous eussions mieux aimé qu'avant de blâmer la doctrine et les œuvres de notre vénéré fondateur, il s'en fût formé une idée plus exacte. Nous ne connaissons pas le nom de ce critique. La direction de la correspondance nous apprend que c'est un *savant théologien;* nous n'avons pas à le contredire, mais nous devons avouer que nous n'avons pas vu une preuve, ni de sa science, ni de sa logique dans ses articles sur *l'École française,* ou *l'École pieuse de Saint-Sulpice.* Si les autres travaux de cette *Correspondance* n'étaient pas plus solides, nous ne sommes pas surpris qu'elle ait disparu après cinq ou six ans d'existence.

IV. Nous pouvions bien nous attendre à ce que M. Justin Fèvre vînt à l'appui des articles de notre critique anonyme, s'il n'en avait pas été l'inspirateur, et en partie l'auteur. Il l'a fait, d'abord dans les *Nouvelles Annales de philosophie catholique* (décembre 1889) et ensuite dans un article intitulé *l'Œuvre de M. Olier*, inséré dans la *Correspondance* (juillet 1890).

Nous n'avons pas à nous occuper des *Nouvelles Annales de philosophie;* elles se bornent à dire ce que nous avons lu dans la *Correspondance.* Nous n'y avons remarqué que deux idées particulières à M. Justin Fèvre. L'une est que si, à l'occasion des observations sur son *Histoire de l'Église*, il y a deux ans, il a vu une trentaine d'évêques rendre publiquement témoignage en faveur de la Compagnie de Saint-Sulpice, « ce n'est « pas une raison (pour lui) de changer d'avis. Si les « trente évêques sont dans le vrai, les cent mille évê- « ques qui ont gouverné l'Église depuis saint Pierre « étaient dans l'erreur : il faut choisir » (page 222). Il n'y a rien à dire à cet argument; c'est une logique qui vaut bien celle du correspondant anonyme. M. Justin Fèvre ne pouvait pas hésiter, puisque cent mille évêques, depuis saint Pierre, lui ont dit que la compagnie de Saint-Sulpice faisait fausse route.

La seconde idée est que « aujourd'hui, en France, « deux types de séminaires sont en présence : le type « romain et le type français. Entre ces deux types il « y a une guerre sourde. La lutte porte sur les prin- « cipes de spiritualité; sur les règles de formation « cléricale; sur les degrés, l'objet et le but de l'ensei- « gnement théologique (page 205). »

Il faut que M. Justin Fèvre ait une grande confiance dans la naïveté de ses lecteurs, pour affirmer de pareilles choses qui n'existent que dans son imagination. L'existence de ces deux types, la guerre sourde que se feraient les séminaires, aussi bien que la contrariété dans les règles de formation cléricale, de l'objet et du but de l'enseignement théologique, ce sont tout autant de chimères qu'a rêvées le censeur. Il n'y a rien de vrai là-dedans. Qu'il essaye, s'il veut, de nous tracer les caractères propres de ces deux types, j'entends non des tableaux fantaisistes, tracés *à priori* d'après une idée préconçue, mais des tableaux réels, d'après des faits constatés; et il verra. — Rien d'ailleurs de plus facile, si l'on veut se procurer cette satisfaction, que de comparer entre eux les divers séminaires de France, sous quelque direction qu'ils soient placés: nous l'avons déjà affirmé, et nous sommes en mesure de l'assurer, on ne verra entre les uns et les autres que des différences purement accidentelles dans des usages particuliers, dans l'ordre de certains exercices, dans le choix des livres classiques; mais les principes, les doctrines, le but, la direction spirituelle sont les mêmes; le règlement pour le fond, est le même partout. Notre affirmation à cet égard ne sera jamais contredite par un homme sérieux et instruit de l'état des choses.

L'article inséré dans la Correspondance de Bruxelles, sous le titre de *l'Œuvre de M. Olier*, présente à la surface un aspect plus sérieux ; en réalité il est dans le faux d'un bout à l'autre.

Il commence par une appréciation que le P. Faber, oratorien anglais, a faite de la spiritualité de M. Olier. Le P. Faber écrivait, le 27 janvier 1862, en réponse à une question sur la théologie mystique : « Malgré « toute mon admiration pour M. Olier, je trouve nos « deux esprits très peu en rapport. Il y a dans cette « spiritualité, hachée si menu, quelque chose que je « ne puis digérer. Elle a l'air de ne jamais s'oublier « elle-même, de penser à sa pose, aux gracieux arran- « gements de sa toge, même en présence de Dieu. Il « n'y a pas la bienheureuse enfance de saint François ; « point d'impulsion, ni de cette familiarité respec- « tueuse des saints italiens et espagnols. Toute déli- « cieuse qu'est sa vie, sa sainteté n'oublie jamais « d'être française pour devenir tout à fait catholique. « Combien il est rare de ne pas trouver cet élément « anti-italien dans la vie d'un Français qui n'est pas « canonisé. Je n'en connais d'autre exemple que dans « celui qui est l'objet de mon amour filial le plus « enthousiaste, cette merveilleuse copie de mon saint « Philippe de Néri, le curé d'Ars.

« Quant à Grignon de Montfort, ma dévotion pour

« lui a commencé en 1846 et 1847. J'ai essayé deux « fois de sa *Vraie dévotion;* une fois, il y a quelques « années, et une autre fois, récemment. Par le fait, « j'ai essayé de modeler toute ma vie sur sa dévotion « à notre bonne mère, mais je n'ai pu le faire sans « grande violence et sans beaucoup de souffrance « intérieure. Heureusement le *Nihil obstat* de la « Congrégation des rites témoigne qu'il n'y a rien à « dire; mais avec mon humble état actuel, je ne puis « m'élever à cette hauteur. Je suis content de l'ou- « vrage, de son action douce et sensible, de son beau « feu et je lui dois beaucoup pour mes progrès dans « la dévotion de notre bonne mère : mais certains « points me chicanent au delà de toute expression. « Après avoir deux fois étudié le rapport de la cause « dans les *Analecta juris Pontificii*, tout ce que je « puis conclure de la réponse de *l'avvocato dei sancti*, « c'est que les objections laissent sa foi et sa morale « inattaquables, voilà tout. Elle ne va pas jusqu'à me « faire entrer dans cette doctrine et me la rendre « acceptable. »

Peu de mois après, le P. Faber vit cependant des raisons pour changer d'opinion et se sentant incapable de correspondre lui-même, il dicta au Père Hébert Harrison la traduction du traité sur la *Vraie Dévotion à la Sainte Vierge* (1).

Nous aimons à penser que si le P. Faber avait relu les écrits de M. Olier, il aurait changé de sentiment, comme

(1) *Vie et Lettres* du P. Faber, publiées par le P. Bowen, traduites par le P. Philpin de Rivières. — Paris, 1872. t. II, p. 382, 383.

il en a changé pour les écrits du Bienheureux Grignon de Montfort, quoique son esprit et celui de M. Olier aient été, comme il le dit lui-même, très peu en rapport. Nous dirons même que ce portrait qu'il fait de la spiritualité de M. Olier est tellement étrange, si contraire à la vérité, que nous nous sommes demandé s'il avait lu lui-même les écrits du fondateur de la Compagnie de Saint-Sulpice ou s'il en avait jugé par quelques rapports qu'on lui en aurait faits. Les écrits imprimés de M. Olier sont d'un style sévère et élevé; ils traitent habituellement des grandes maximes chrétiennes de l'abnégation, de la mortification de la chair, de la mort du vieil homme, dont saint Paul dit qu'il a été crucifié avec Jésus-Christ, du règne de Notre-Seigneur. Il le fait tantôt avec plus de précision, comme dans le *Catéchisme*, tantôt avec plus d'étendue comme dans son *Introduction à la vie et aux vertus chrétiennes*, dans le traité *des saints ordres*, toujours avec profondeur, jamais d'une manière superficielle. Il n'a pas sans doute ce que le P. Faber appelle la *familiarité des saints italiens*, mais tous les hommes vertueux, tous les saints n'ont pas le même tempérament, le même genre d'esprit; saint Charles Borromée n'avait ni le genre de saint François d'Assise, ni les formes de saint François de Sales; saint Jean de la Croix non plus, et nous ne les placerons pas pour cela parmi ceux que le Père Faber désigne sous le titre d'*Anti-italiens*. Malgré ce que les livres de M. Olier semblent avoir d'austère, ils ont été lus et ils le sont encore, avec autant d'intérêt que de profit, par un nombre considérable de prêtres et de fidèles qui ont de l'attrait pour la vie intérieure et surnaturelle. Aussi avons-nous éprouvé une grande surprise quand nous avons lu dans la lettre du P. Faber cette description de la spiritualité qui a l'air de ne *s'oublier jamais elle-même... qui pense à la pose, aux gracieux arrangements de sa toge;* c'est bien une contre-vérité; ce n'est pas un portrait; nous dirions plutôt, c'est une caricature déplaisante, dans une matière sérieuse. Il est inimaginable que le P. Faber ait pu écrire de pareilles choses, s'il a réellement lu les écrits de M. Olier.

Nous ne parlons que des livres imprimés; si un jour, on publie quelque partie de ses manuscrits, surtout de ses *Mémoires*, où il parle avec plus d'abandon, parce qu'il écrivait pour le directeur de son âme, on verra dans ces confidences intimes les richesses de son cœur et la simplicité de sa foi.

M. Justin Fèvre, après avoir cité les paroles du Père Faber, discute l'œuvre de M. Olier dans la fondation des séminaires, et il juge qu'il n'a pourvu ni à l'instruction des clercs, ni à leur formation, de sorte que si cette œuvre a pu répondre, sous certains points de vue, à des besoins momentanés de l'Église, il faut maintenant « reprendre à rebours l'œuvre d'Olier, et « concevoir en sens contraire l'œuvre de la forma- « tion sacerdotale (page 135) ».

C'est un peu hardi de la part de M. le curé de Louze, au diocèse de Langres, de prononcer ainsi sur une œuvre qui est sous la direction de Nosseigneurs les Évêques, comme objet principal de leur sollicitude.

Il ne s'agit pas ici de M. Olier, ni du séminaire de Saint-Sulpice; il s'agit de tous les séminaires de France, et probablement de ceux de bien d'autres Églises. Quelle autorité, quelle mission peut avoir M. Justin Fèvre pour dénoncer ainsi la forme de l'éducation des clercs dont il n'est chargé à aucun titre? S'il avait quelques observations à faire, ce n'est pas au public qu'il devrait les communiquer; il devrait les soumettre aux évêques, juges naturels en cette matière.

Mais, si nous considérons de près ce qu'il en dit dans son article, il n'a rien de sérieux à proposer, et les reproches qu'il adresse à M. Olier, ou à son œuvre, ne révèlent que l'ignorance où il est de l'état réel des choses et des vraies conditions de l'éducation sérieuse. Voici le fond de son article et ses paroles. Après avoir dépeint l'état malheureux où se trouvait la société pendant le dix-septième siècle, il dit :

« Que fit Olier? En homme clairvoyant et résolu, il « voulut réagir contre le mal par les contraires. Le « prêtre était répandu dans le monde, Olier voulut « l'en retirer; le prêtre était devenu mondain, Olier « voulut l'expurger de cet esprit. Au lieu de le laisser « courir, il lui prêcha la retraite; il voulut pour « dompter ses humeurs et vaincre ses mauvaises ha- « bitudes, l'enfermer dans son église et dans son « presbytère. L'œuvre d'Olier fut une réaction contre « les vices de son temps.

« Olier voulut sans doute procurer l'exécution du « décret de Trente relatif aux séminaires, et par là « son entreprise servit des intérêts permanents, mais

« sa conception du séminaire le ramène à un but local, « et à une œuvre de circonstance. Les prêtres qu'il « attire à lui, il ne songe qu'à les diriger et point à « les instruire : dans son séminaire, on n'enseigne « pas; les Sulpiciens vont chercher à la Sorbonne un « enseignement tel quel; de retour chez eux, ils ne « reçoivent plus que des répétitions doctrinales, des « leçons de cérémonies et des instructions pour la « conduite; on appuye le tout sur une mysticité quel- « conque, jamais la question capitale de l'enseigne- « ment théologique, la question vitale, essentielle, « est toujours restée secondaire, chez les Sulpiciens; « on s'en préoccupe peu ou point.

« Pour louanger Olier, on le compare à saint Charles « Borromée; cette comparaison cloche. Dans son vaste « diocèse de Milan, il avait fondé trois séminaires: « deux en forme de facultés théologiques, un en forme « d'école pour les Minimes. Ce dernier était destiné « aux pauvres prêtres qui devaient exercer leur mi- « nistère dans les montagnes; les deux autres étaient, « à proprement parler, les séminaires de Saint-Char- « les, et ces deux séminaires étaient des écoles d'en- « seignement supérieur. Entre ces deux séminaires et « Saint-Sulpice, il n'y a de commun que le nom. Au « surplus lorsqu'on veut s'enquérir de l'exacte ob- « servance des décrets de Trente, ce n'est pas à Milan « qu'il faut aller, c'est à Rome. Les Pontifes Romains « promoteurs du Concile de Trente ont établi, à Rome. « le Collège Romain, voilà le séminaire type de tous « les autres. Or, entre ce séminaire où le haut ensei-

« gnement est tout, et le séminaire de Saint-Sulpice, « simple *sanatorium*, et humble école de répétitions « diverses, il n'y a pas même lieu à comparaison ».

Quelque répugnance que nous ayons éprouvée à transcrire ces pages, nous tenions à donner une idée des excès où peut conduire un zèle mal éclairé, joint à une étrange préoccupation d'esprit. Vient ensuite un parallèle entre les saints fondateurs d'Ordres religieux, saint Benoît, saint Bernard, saint François, saint Dominique, saint Ignace. « Saint Ignace, en par- « ticulier, réformateur presque contemporain d'Olier, a « pris le contre-pied du réformateur français. Au mi- « lieu des nations modernes, au milieu de ce monde « divisé par le rationalisme, armé en guerre par le « protestantisme, Ignace a fait de sa Compagnie une « milice, et de son prêtre, un soldat. Olier cloître son « curé; Ignace jette le sien à tous les foyers de l'activité « humaine. Si la conception de saint Ignace est vraie, « celle d'Olier est fausse, et réciproquement, si Olier a « raison, il faut décanoniser saint Ignace » (p. 135).

M. Justin Fèvre finit en protestant de la pureté de ses vues. La charité ne nous permet pas d'en douter; mais l'amour de la vérité nous oblige de dire qu'il a tracé de M. Olier et de l'œuvre de Saint-Sulpice, un portrait purement imaginaire; un tableau où l'on ne voit pas un trait qui ne soit une contre-vérité. Il attribue à M. Olier des idées absolument opposées à ce que le vénérable prêtre a constamment enseigné, prescrit et pratiqué. Tout est faux dans cet exposé. autant qu'est ridicule la conclusion qu'il tire de sa comparaison de saint Ignace avec M. Olier.

Tout se résume dans ces deux affirmations : l'une, que selon les desseins de M. Olier et la pratique établie par lui, on s'occupe peu, ou point, de l'enseignement théologique, au séminaire de Saint-Sulpice ; l'autre, est que M. Olier cloître le prêtre dans son église et dans son presbytère, sans qu'il ait à s'occuper des besoins de la société, de sorte qu'il n'est aucunement préparé à ses devoirs sociaux.

Or, nous le répétons : ces deux affirmations sont absolument fausses. M. Olier prescrit dans les Constitutions du séminaire et de la Compagnie qu'on ne néglige rien pour donner aux clercs, élèves du séminaire, une instruction solide sur la philosophie, sur la théologie positive et scolastique, sur les controverses du temps ; nous avons cité le texte de cette règle, dans le livre de la *Doctrine de M. Olier* et dans celui des *Traditions* de la Compagnie (1).

On attachait une très sérieuse importance aux études ; il y avait pour les élèves du séminaire l'enseignement des cours de la Sorbonne, qui, quoi qu'en dise notre censeur, était une école célèbre parmi toutes les universités d'Europe, et un enseignement donné dans l'intérieur du séminaire à ceux qui n'allaient pas à la Sorbonne, ou qui après avoir terminé leur cours de Sorbonne, où l'on ne s'occupait que du dogme et des controverses, venaient étudier au séminaire, la théologie morale. Ceux qui allaient en

(1) *Doctrine de M. Olier*, p. 510 et suiv. *Traditions* de la Compagnie de Saint-Sulpice, p. 395.

Sorbonne avaient de plus des conférences faites au séminaire, par un Directeur qui était ordinairement docteur de la faculté et qui revenait sur les leçons faites à la faculté, pour donner les éclaircissements jugés plus utiles. Plusieurs de ces Directeurs ont publié des ouvrages d'un vrai mérite : M. Lafosse, dans les traités des *Lieux théologiques et de Dieu;* M. Legrand, dans les traités de *l'Existence de Dieu; de l'Église* et de *l'Incarnation,* comme dans les *Censures de l'Émile de Rousseau* et de *Bélisaire;* M. Montaigne, dans son traité *De la grâce;* M. Régnier dans ses divers écrits *Sur la révélation.* Nous ne parlons pas de ceux qui ont laissé des manuscrits précieux, et qui ont joui, de leur temps, d'une réputation bien méritée. Celui qui n'a vu dans le séminaire de Saint-Sulpice qu'un *sanatorium et une humble école de répétitions obscures*, savait-il ce qu'il disait?

Il ne faut pas perdre de vue ce que nous avons fait remarquer ailleurs que la pensée de M. Olier, selon le dessein qu'il avait conçu, n'a pas été, et ne devait pas être de former des facultés de théologie, pour l'enseignement supérieur, mais des séminaires diocésains où les clercs reçussent une instruction solide qui répondît aux besoins du saint ministère qu'ils sont appelés à remplir, une instruction qui, de plus, préparât aux études universitaires ceux qui par leurs talents et par leur position, seraient dans le cas de suivre les écoles supérieures. Considérés à ce point de vue, nos séminaires ont certainement sur toutes les parties de l'enseignement, philosophie, Écriture sainte, théologie dogmatique et morale, histoire ecclésiastique, liturgie, tout ce que l'on peut désirer raisonnablement en principe. En fait, on peut et l'on doit toujours aspirer à mieux pour le travail personnel des élèves. Rien n'est parfait dans ce monde, tout est susceptible de progrès.

Ce que M. Olier a fait pour la France est bien ce que saint Charles a fait pour le diocèse de Milan et, par suite, pour l'Italie. Que l'on examine les institutions qu'il a faites pour ses séminaires, telles que nous les avons dans les *Actes de l'Église de Milan*, ou que l'on s'en rapporte à son histoire, on demeure convaincu que son principal séminaire n'était pas érigé en faculté, comme le prétend M. Justin Fèvre, mais qu'il n'était qu'un séminaire tel que nous le concevons en France. Le critique semble bien l'avoir vu, sans en convenir explicitement, puisqu'il ajoute qu'après tout ce n'est pas à Milan, mais à Rome que l'on doit chercher la véritable intelligence des décrets du concile de Trente. Or, dit-il, « les Pontifes « Romains ont établi à Rome le Collège Romain, qui « est le type de tous ».

Ceci n'est pas exact. Les Pontifes romains n'ont pas établi ce collège comme le type sur lequel tous les séminaires doivent être fondés. Ils l'ont seulement approuvé, comme ils en ont approuvé d'autres qui sont dans des conditions différentes. Jamais en l'approuvant, ils n'ont dit, ni fait entendre, que ce collège est le type sur lequel les autres séminaires doivent être établis. C'est saint Ignace qui le créa pour les clercs de Germanie, dans les conditions analogues à ceux que saint Charles a établis. Ce collège a pris des accroissements successifs, sous la direction des Pères Jésuites. S'il était vrai, comme l'a dit M. Justin Fèvre, que dans ce collège l'enseignement supérieur *est tout;* nous conclurions que c'est une université et non pas un séminaire; attendu qu'une condition essentielle, pour un séminaire, condition imposée par le concile de Trente et par la nature même de ces établissements, est que les clercs y soient formés à la vie sacerdotale, qui manifestement ne demande pas seulement l'instruction, mais la sanctification des prêtres. Cette sanctification n'est pas un accident accessoire, elle est nécessaire, elle doit même, dans la pensée du savant archevêque de Milan, occuper la première place (1). Aussi, ne doutons-nous pas que les Pères Jésuites, ne s'occupent, en dehors des leçons publiques, et par les exercices les plus convenables, à former leurs élèves internes à la piété, au zèle, aux vertus sacerdotales, ce qui supplée, pour les internes, ce qui manque à l'université, pour répondre aux intentions du concile de Trente.

Nous nous arrêterons peu à la seconde idée, non moins étrange, de M. Justin Fèvre, que M. Olier a

(1) Cum igitur duo præcipue in sacerdote et animarum Pastore requirantur, probitas videlicet et doctrina, earum utraque in seminariis est comparanda. Ac sicut probitatis major est necessitas; sic illis in ejus studio magis est elaborandum. — *Institutiones ad universum seminarii regimen pertinentes.* — Pars tertia. *De superiore clericorum seminarii*, cap. I.

voulu cloîtrer le prêtre dans son presbytère et dans sa sacristie.

Où a-t-il pris cette idée? Est-ce dans la *Vie* de M. Olier? Est-ce dans ses règles, ou dans ses écrits? Est-ce dans la conduite des prêtres formés à son école? Sa vie nous le montre missionnaire parcourant les provinces pour y porter la sainte parole de Dieu; ensuite, curé d'une immense paroisse, qu'il a transformée, se mettant en rapport avec les magistrats, avec les princes et les grands du royaume, les conseillers d'État, pour la réforme des abus, pour l'extirpation des duels. En rapports plus ordinaires avec le peuple pour l'instruction des fidèles, pour le soulagement des pauvres; il fonde des œuvres de zèle et de charité qui subsistent encore de nos jours, et qui se sont propagées dans les provinces.

Les principes de M. Olier n'ont rien qui empêchent les prêtres de se préoccuper des besoins de la société; tout au contraire ils ne peuvent que lui inspirer un zèle qui les porte à tout ce qui peut l'intéresser, au point de vue de la gloire de Dieu. Il faudrait être bien étranger à la doctrine des saints pour s'imaginer que la vie intérieure, si recommandée par eux, est incompatible avec la sollicitude des besoins des peuples. Saint François Xavier parcourant des régions immenses, se consumant par les travaux d'une vie apostolique, était plus intérieur que ne le sont bien des chartreux renfermés dans la cellule de leur monastère.

Les prêtres formés au séminaire ont suivi chacun

l'attrait de la grâce, les inspirations de l'Église de Dieu. Les uns, et c'est naturellement le plus grand nombre, ont passé leur vie dans le ministère paroissial. Ils ont été occupés des intérêts spirituels de leurs fidèles, et du soulagement des malheureux, du soin des enfants, des malades, des pauvres. D'autres se sont donnés à l'œuvre des Missions étrangères, ou sont entrés dans des congrégations, ou dans quelques ordres religieux. Il n'y avait pas, et il n'y a pas non plus dans les séminaires de cours de politique, ni de ces conférences que l'on appelle aujourd'hui d'*Économie sociale;* mais les grands principes que notre Saint-Père le Pape a proclamés dans son Encyclique sur les ouvriers, et dans ses autres Encycliques, sur le rapprochement des différentes classes de la société, sur les rapports des riches et des pauvres, sur la pratique de la justice et de la charité, ont été enseignés dans tous les temps. Le mouvement de la société actuelle, l'esprit révolutionnaire qui agite notre pays, les abus qui se produisent, les dangers qui nous menacent, nous imposent le devoir de nous préoccuper plus sérieusement de cet état de choses. Les traités de théologie sur le *Décalogue*, la *Justice* et les *Contrats* donnent naturellement occasion aux professeurs d'expliquer les principes du droit naturel et de l'Évangile sur la charité, sur la justice, sur les rapports des capitalistes, des entrepreneurs et des ouvriers. Nous avons formé dans la plupart des séminaires, des conférences dites des *bonnes-œuvres*, dans lesquelles les jeunes élèves s'entretiennent entre eux des diverses œuvres que l'on peut créer, ou encourager, de la part que le prêtre peut y prendre, la direction qu'il peut leur donner. Ce ne sont, sans doute, entre ces jeunes gens, que de modestes essais, mais qui les aident plus tard à porter leur pensée sur les besoins de la société, et à s'en occuper plus tard, dans la mesure que la prudence et les circonstances le leur permettront. On leur apprend à mettre une telle mesure dans l'exercice du zèle qu'ils ne se jettent pas dans une vie aventureuse; la position que leur donnera la Providence déterminera leur conduite à cet égard.

Il n'y a donc rien, ni dans les principes de M. Olier, ni dans les traditions de la Compagnie de Saint-Sulpice, qui tienne le prêtre éloigné de la société, comme on l'a prétendu.

N'insistons pas davantage. On l'a vu, il n'y a rien de sérieux dans les attaques dirigées contre la doctrine et contre l'œuvre de M. Olier. Mais ce qui nous afflige, à cause du mal qui pourrait en résulter, c'est de voir des hommes sans mission, et sans intelligence des choses dont ils prétendent s'occuper, chercher, par de très fausses imputations, à déconsidérer les conditions de nos séminaires de France, ce qui ne pourrait avoir qu'un très fâcheux résultat, si on les écoutait; ils inspireraient aux jeunes clercs des préventions contre les séminaires où ils sont élevés, contre les règles et la méthode qu'on y suit, contre les supérieurs qui les dirigent, et cela sans avoir rien à substituer à ce qui existe. Ce qui ne nous surprend pas moins, c'est de voir un prêtre qui professe dans ses écrits le plus profond respect pour le Saint-Siège, et qui bien loin de tenir aucun compte du décret et des avis du souverain Pontife, continue à attaquer la Compagnie de Saint-Sulpice et l'œuvre du séminaire qu'elle dirige. Notre Saint-Père le Pape Léon XIII, dans un bref adressé au supérieur de Saint-Sulpice, a écrit à l'occasion des écrits de cet ecclésiastique : « Nous n'avons pu nous défendre « d'une émotion pénible en présence de l'opposition « malveillante soulevée contre votre Congrégation « et des imputations qui tendent d'une manière indi- « gne à diminuer au yeux du public son crédit et « sa réputation. »

Le Pape daigne nous dire : « Pour vous, fort des « suffrages si graves et si honorables dont votre Com- « pagnie ne cesse d'être l'objet, vous pouvez surmon- « ter votre tristesse et relever votre courage, vous « êtes en droit de mépriser les attaques de vos dé- « tracteurs. Continuez vaillamment, vous et les vôtres, « de mériter par vos vertus et votre piété, l'appro- « bation des hommes de bien, et comptez sur notre « paternelle affection pour vous et votre société. » Lui, M. Justin Fèvre assure dans son article, que si l'on veut répondre aux besoins de l'Église, il faut prendre *à rebours* l'œuvre de M. Olier, donner aux jeunes clercs une direction contraire, et comme il dit une autre *orientation*.

Nous bénissons Dieu d'avoir conservé l'œuvre de notre vénéré fondateur; nous ne négligerons rien pour la maintenir dans son esprit primitif et nous aimerons à nous rappeler les paternelles paroles que nous adressait notre saint-père Léon XIII, au sujet des attaques contre la Compagnie de Saint-Sulpice. « Mon fils, quand on a le Pape et les Évê-« ques pour soi, on peut demeurer bien tranquille. »

H. J. Icard.

Paris, fête de saint Joseph, 19 mars 1892.

TABLE